データの取り方 まとめ方

中村　英泰 著

職業訓練法人H＆A

◇ 発行にあたって

　当法人では、人材育成に係る教材開発を手掛けており、本書は愛知県刈谷市に
あります ARMS 株式会社（ARMS 研修センター）の新入社員研修を進行する上
で使用するテキストとして編集いたしました。

　ARMS 研修センターの新入社員研修の教育プログラムでは、営業コースをはじ
め、オフィスビジネスコース、機械加工コース、プレス溶接加工コース、樹脂加
工コースなど全 18 種類の豊富なコースを提供しております。また、昨今の新型
コロナウイルス感染拡大を受け、Zoom※でのネット受講でも使用できるように、
できる限りわかりやすくまとめましたが、対面授業で使用するテキストを想定し
ているため、内容に不備があることもございます。その点、ご理解をいただけれ
ばと思います。

　本書では新入社員研修の内容をご理解いただき、日本の将来を背負う新入社員
の教育に役立てていただければ幸いです。

　最後に、本書の刊行に際して、ご多忙にもかかわらずご協力をいただいたご執
筆者の方々に心から御礼申し上げます。

2021 年 3 月

職業訓練法人　H&A

※Zoom は、パソコンやスマートフォンを使って、セミナーやミーティングをオンラインで開催する
　ために開発されたアプリです。

◇ 目次

第3章　七つ道具の確認

第4章　QC七つ道具で問題解決するための手順

第 1 章

データとは何か

01　データの持つ意味と重要性

1．はじめに

　みなさんにとって、良いサービスや商品・製品とは何ですか。「いろいろと思いを巡らせて購入した商品を早速使ってみようと手に取った、次の瞬間…部品が取れて使えない」こうした粗悪な商品を手にしたらどんな気持ちになりますか。

　例えば、何らかの事故に巻き込まれたとします。事故の原因調査が進んでいく過程で明らかになったのは、その事故の原因は特定部材の構造不良であり、対象となる部材を作っていた会社は10年以上前から不良が事故につながる可能性を知っていたにもかかわらず、会社ぐるみで隠蔽していたことが明るみになりました。

　こうしたことを耳にして、対象となるサービスや商品・製品を購入しようと思いますか。

■企業の存在理由
　ここで、「企業が存在し続ける理由」を考えてみてみて下さい。これは2つの点から説明することができます。

　最初に「市場原理」です。需要と供給ともいいますが、「欲しい人がいるから、その欲求に応えるサービスや商品・製品を市場に供給する」この流れを循環させて市場は成り立っているのです。続いて「自然淘汰原理」です。ダーウィンが提唱した「環境によりよく適応した変異をもつ個体が存続する」という考え方です。この考え方を基に、先のケースを確認してみると市場原理及び自然淘汰原理どちらの視点に立っても、このような会社が存在し続けることはありません。

　顧客が期待しているのは、単にサービスや商品・製品を供給されることや、ブランドや聞こえの良いコーポレートメッセージではなく、「改善を重ねた結果としての良いサービスや商品・製品」なのです。改善を怠った粗悪なものを受け取った瞬間にレピュテーション（評価・評判）は下がり「次」に選択してくれることは無いでしょう。これは企業にとって致命的なことです。

　では、どうしたら「企業は、様々な変化に適応しながら存在し続ける」ことができるのでし

ょうか。これは企業経営の話に限らず、個人にとっても同じです。「成長（改善）することなく漫然と続けてきた作業の経験を"いつまでも必要としてくれる企業（需要）"があると思いますか」。自身より給与の安い若い人に、機械に、海外に工程ごと移転させることで、企業の価値が高まるとジャッジした瞬間、皆さんを必要としなくなります。

■品質管理の重要性

　では、どうしたら良いのでしょう。答えはシンプルで、「サービス品質」「商品・製品品質」ときに「労働品質（パフォーマンスの品質）」を改善して高めていくこと（以降総じて「品質管理」と呼びます）です。

　この「品質管理」を行う際に、最初に始めるのが「QC 七つ道具」です。この QC とは、Quality Control（品質管理）の略で、日本のものづくりの現場で生まれ、長年をかけて磨かれてきました。

■「QC 七つ道具」

　あらためて、品質管理を行う際に、最初に始めるのが「QC 七つ道具」です。生産や製造部門の現場における生産過程で測定する"数値データ"を用いて、改善活動に向かう際にとても良い働きをします。QC 七つ道具には、パレート図、特製要因図、チェックシート、グラフ、ヒストグラム、散布図、管理図の 7 つの手法があり、それぞれ特徴をもっています。その特徴を理解し、状況に合わせて活用することで品質改善につなげることが可能になります。このテキストでは「QC 七つ道具」が、何であり、どのように活用するのかを確認します。

　「顧客の期待に応える」ことは容易ではありません。しかし、品質管理を怠れば「顧客そのものを無くす」こととなり、それは市場からの退場を意味します。

　企業の存続のため、みなさんが働き続けるため「品質管理」を一緒に始めていきましょう。

☞ 考えてみましょう

　家電の修理に必要な部材商品を購入しました。手元に届いたその日に、修理に取り掛かろうと脱着を試みました。特段の力を加えたわけではなく、説明書の手順に従った「通常脱着」の途中で軸が折れてしまいました。

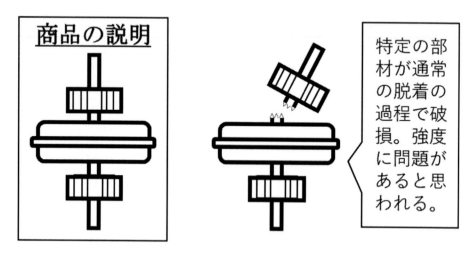

図1：購入した部材商品の軸が折れたイメージ

このように、品質に問題がある商品を購入したらどんなことを思いますか？

💡 ここがポイント!!

　品質管理を考える前に、一度 顧客視点に立って日頃から受けているサービスや、購入している商品・製品について話し合うことで、日頃職務としてかかわっているサービスや商品・製品への視座を切り替え「自分はそれで満足できるのか」を考えられるようになります。

２．顧客満足について

　顧客の期待を満たす度合いを示す言葉に「顧客満足度」（CS/Customer Satisfaction）があります。言葉の意味をそのまま捉えれば「顧客がどれくらい満足しているか」となります。

　では、ここで「顧客はどうなったら満足なのか」を考えてみましょう。

　顧客満足度において、よく例示されるのが、一流ホテル ザ・リッツ・カールトンのサービス品質についてです。それを示すケースをお伝えします。

　ザ・リッツ・カールトンで、ビーチ係が砂浜でビーチチェアを片付けていた時、宿泊客の男性がやってきて、「今夜ここでプロポーズをしたいので、ビーチチェアを一つ残しておいてくれないか」と声を掛けました。

　接客が行き届いている一般的なホテルであれば、「かしこまりました」とビーチチェアを一つ残して、その場を去るでしょう。これは顧客の要求に応える当然の行為です。

　もちろん、ザ・リッツ・カールトンのそのスタッフも、ビーチチェアを一つ残しておいたことは言うまでもありません。そこからさらに、ビーチテーブルを一つ残し、そのテーブルに真っ白なテーブルクロスを敷き、お花を飾り、プロポーズの際に砂で汚れても拭き取れるように椅子の前にタオルも用意しました。シャンパンを出す手はずも整えておきました。

　そしてビーチ係は、レストランの従業員から借りたタキシードに着替え、手には白いクロスをかけて、カップルが来るのを待っていたそうです。

■サービス業の顧客満足

　ことサービス業においては顧客満足のポイントとなる満足の基準が"顧客個人の主観にゆだねられる"ため、「顧客の期待値の基準を明確化すること」が難しいとされています。その一方で、「サービスに対する社会通念上の常識」として【○○をすれば満足する、○○をしないと不満足につながる】のようにある程度単純化することが可能で、カウンター業務のように第一線の仕事を新人に任せることもできるのです。

■製造業の品質管理

　製造業における顧客満足は、サービス業のそれとは全く異なります。製造業では「あらかじめ決められた品質が担保された製品を安定供給すると同時に、その品質を証明するためのエ

ビデンスを示すこと」です。いわば、「1」を求められている場合には、「0」でも「2」でも、「0.9」でも「1.1」でも不適格とみなされるわけです。

　一見すると"顧客の示す「規格要望」に沿って、決められた手順に沿って決められた工程を行う"とも捉えられることから、サービス業に比べシンプルに感じられる側面もあると思います。しかしその実は簡単ではなく、「品質のバラつきをエビデンスとして示す」ことを求められるなど、日々のQC活動（品質管理活動）の継続なくして成り立つことはありません。

　日本のものづくりが世界一と評されるのもQC活動の継続によって信頼を得たからです。

顧客満足度における、顧客の事前期待とこちら側の実績の関係については図2を確認すると整理できると思います。

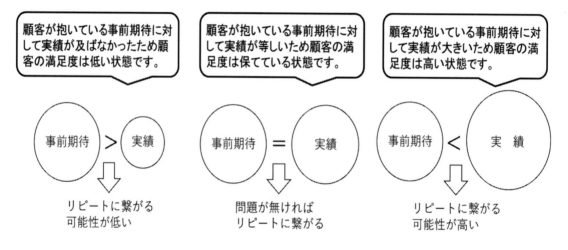

図２：顧客満足における顧客の事前期待と実績の関係

３．品質は何を使って示すのか

■ジャパン・アズ・ナンバーワン

　「ジャパン・アズ・ナンバーワン」という言葉があります。社会学者エズラ・ヴォーゲルが1979年に出版された著書において、戦後の日本経済の高度経済成長の要因を分析し、日本的経営、なかでも"ものづくり"を高く評価した際に用いました。

　日本の"ものづくり"が世界一と評される理由には、高品質であることがあげられます。では、高品質であることは何によって証明されるのでしょうか。

その答えはデータです。ただ、重要なのは、データはあくまで結果であり、それを支える QC 活動（品質管理活動）のプロセスを示すことが結果として、データの信頼性ひいては品質への信頼性にもつながるのです。一度、図 3 を参考に品質向上を図るための QC 活動全体と、QC 七つ道具の位置関係を確認してみてください。

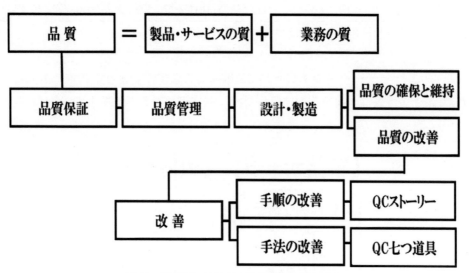

図 3：品質を支える QC 活動のプロセス

ここがポイント!!

　顧客満足は言葉ではなく、実在します。顧客の満足を満たすことで、レピュテーションは高まり、企業の業績、さらにはそこにかかわった個人の能力向上にも影響します。ジャパン・アズ・ナンバーワンと評されるまでの近道は無く「地道な改善活動」が唯一のルートです。

■改善活動に必要なのはデータ

　管理されていないデータは単なる数字の羅列であり、それによって顧客満足が得られることはありません。データ自体が「どのように収集されて、解析されたものであるのか」を体系的に示さなければならないのです。

　では、なぜデータを取るのでしょう。人は元来「対象物を五感から得た情報を基に評価する」ことが可能です。例えば、「○○部長は、いつも機嫌が悪くて声を掛けづらいよね」がそれにあたります。そう感じること自体の良し悪しはありませんが、改善活動に必要なのは「感覚ではなくデータ」なのです。それはなぜでしょう？　理由は至ってシンプルです。「感覚は、

日によって変わったり、気分によっても影響を受けて変わったりする」からです。

　品質を管理するための根拠となる判断が「感覚任せ」では困ります。お客様からの「生産状況への問合せ」に対して、

> ①　生産は先月に比べて多いです、不良率も抑えているのでイイ感じですよ。
> ②　生産は先月比 21％増で稼働し、不良率は 0.001％で、先月より 30％改善しています。

どちらが、より正確な情報を伝えられていると思いますか。

　これは一例ですが、データを収集し並べて比較することで②のような報告はもちろん、問題に気づいて大きな事故につながる前に恒久対策に取り組むことができます。

図 4：言語データと数値データの特徴

　ここで、間違えてはいけないのが、改善活動において、言語データと数値データのどちらが良いか悪いかではなく「どちらも状況に応じて必要」であるということです。言い換えると、言語データが意味合いを持ち重要になる場面もあれば、先のように「生産状況への問合せ」などでは、数値データが意味合いを持ち、重要になるということです。

■言語データと数値データについて

　ここで改めて、言語データと数値データについて確認してみましょう。

・言語データ

　言語データは、会話や文章から得られるデータのことです。画一さや正確さを読み取ることは難しいのですが、数値データでは表しにくい事実をとらえることができます。例えば数値データで、昨年度の離職率を説明する際には「昨年は 3 人が離職しました。一昨年

と比べると、離職率は全体で 10%改善しています。一方、階層ごとに見てみると新卒が 3 名の内 2 名を占めていて増加傾向にあります。」となり、全体の量的把握はできる一方で「何故そうなったのか」など個々の離職に至った理由を把握することはできません。こうした場合に、ヒアリングを行うなどして言語データを収集し、報告に当てることができます。一方、誰がヒアリングするかによって収集されるデータの信頼性・妥当性が影響を受けるという課題もあります。

・数値データ

　　数値データは測定器などで測定された結果のことで、計測方法や途中の計算式や理論値などの考え方に間違いがなければ「誰が計測しても、同じ結果数値を得ることができる」と同時に「誰が見ても、同じ認識ができるため事実を客観的に評価することができる」特徴があります。一方で、言語データのような抽象的な側面を確認することはできません。また、結果数値が正常値なのか、異常値なのかを読み取るには一定の経験が必要となります。

ここがポイント!!

　　改善活動を続けて行くために欠かせないのは事実を捉えたデータです。そのデータが曖昧で信頼性に乏しいようでは、どこを改善すればよいか？全くわからなくなります。言語データ・数値データそれぞれの「良い点・悪い点」を理解した上で状況に応じた使い分けをすることがポイントになります。

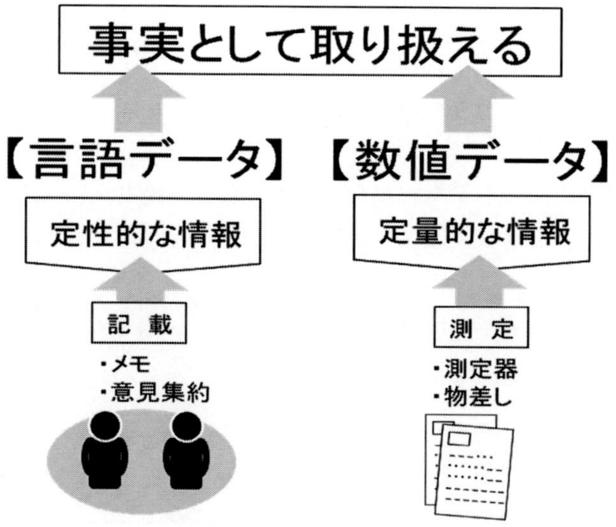

事実として取り扱える

【言語データ】　【数値データ】

定性的な情報　　定量的な情報

記載　　　　　測定
・メモ　　　　・測定器
・意見集約　　・物差し

図5：言語データと数値データの目的

■データの取り方

　データは「闇雲にただ集めればよい」という訳ではありません。データ1つ1つの質が重要になります。ではデータの質とは何でしょう。それはデータの取り方によります。

　一口にデータといっても"どのタイミングでどんなデータを取得するのか"によって事実が変わり、結論も大きく変わってきてしまいます。例えば「塗装工程における効率を確認する」ことを目的にデータを取る際に、社内における男女比のデータを出してもこれは意味を成しません。極論のように感じるかもしれませんが、目的を説明する以外のデータを引き合いに出してもそれには何ら意味がありません。

　データの取り方の手順

手順①　　目　　的：何を知りたいか明確にする 　　　↓ 手順②　　尺　　度：どんなモノサシで測るのか決める 　　　↓ 手順③　　測定方法：どんな方法で測るのか決める 　　　↓ 手順④　　測定範囲：どこまで測るのか決める 　　　↓ 手順⑤　　測定者：誰が測るのか決める

■活用手法を決める

　測定したデータの活用方法はとても重要です。グラフや表にして示すことも可能です。ただ、それで「一つ一つの数字の背景にある問題が伝わるか」を考えてみてください。

　またそもそも何のためにデータを収集したのか、もう一度考え、「QC活動」「改善活動」という原点に立ち返ることが重要になります。

　職務における問題を解消・改善し、顧客満足に向けて、少しでも良いサービスや商品・製品を提供するために行っているのです。

　「QC七つ道具」にはそれぞれ特徴があるため、一番適した道具／手法を用いることで、より的確な情報を得られます。それは"改善に向かう唯一の道"なのです。

■「QC 七つ道具」のそれぞれの特徴を知る

ここで QC 七つ道具の基本的な特徴を確認してみましょう。道具は便利ですが、万能ではありません。使い手の使い方一つで素晴らしい成果を引き出すこともある一方で、全くの期待外れになることもあります。

① 目的：問題に気づく

問題に気づくためには、現在と過去、A ラインと B ライン、材料 A と材料 B などの差を見える化することで、比較することが必要になります。この場合には折れ線グラフや棒グラフ、管理図などのグラフが有効です。

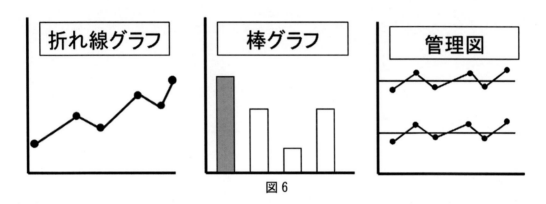

図 6

② 目的：問題の原因を考える

気づいた問題の原因を考えるときには、問題を層別して確認するパレート図やヒストグラムが有効です。

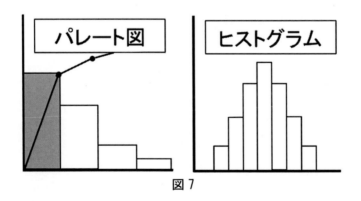

図 7

③ 目的：問題を解消する

問題を解消・改善するための施策を施した後に、問題が解消・改善したかを確認することで、施策の有効性を測ります。この時は、折れ線グラフや散布図、管理図が有効です。

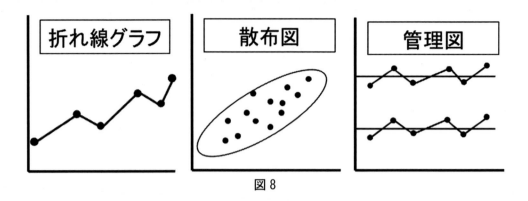

図8

　それぞれの特徴を把握したうえで、QC 七つ道具を活用して品質管理につとめ顧客満足度を高めていきましょう。

ここがポイント!!

　測定したデータが集まってきたら、いよいよ "そのデータが示している内容／背景に潜む問題や課題を読み取ること" に移ります。そこで重要になるのが、QC 七つ道具それぞれの特徴を理解して一番適した道具／手法を用いることです。目的が「問題に気づくこと」なのか、それとも「問題の原因を考えること」なのか、また「問題を解消すること」なのか、それぞれ自由に使いこなせることを目指しましょう。

02 QC活動を始める

1．QC活動とは

　これまで確認してきたことを基に、QC活動（品質管理活動）を行っていきます。「QC活動（品質管理活動）」とは何かというと「品質第一の製品を作る」「顧客満足度と従業員満足度を向上させる」「品質を保持するための作業工程の改善を行う」「品質・納期・コストなどの問題を解決するための方法を模索する」などの品質向上を目的として行われる活動全般のことで、多くはQCサークルという小グループ（小集団）を編成して小集団活動を行います（図9を参照）。

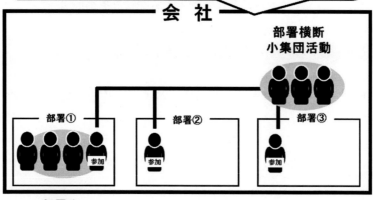

・小集団活動とは、職場内あるいは共通の目的を持った関係者がチームを作り活動を行うこと。
・5〜10人くらいの少人数で編成。
・共通のテーマや目的を決めて、活動する。
・メンバーそれぞれが役割を持つ。
・定期的に集まりミーティングを開催する。

会　社

部署横断
小集団活動

部署①　　　部署②　　　部署③

参加　　　参加　　　参加

部署内
小集団活動

図9：QCサークルと小集団活動

2．改善活動

　QC活動のなかでも「品質を保持するための作業工程の改善を行う＝改善活動」はとても重要です。企業では、どの業務においても効率的かつ効果的に業務を進めることが要求されます（顧客満足度を高めるため）。

　そのためには、業務上発生するさまざまな問題を解決し、常に新しい方法を探索しなければなりません。これが改善活動なのです。改善活動を行う際には、多くの場合 PDCA サイクルを行います。PDCA については後ほど確認をしましょう。

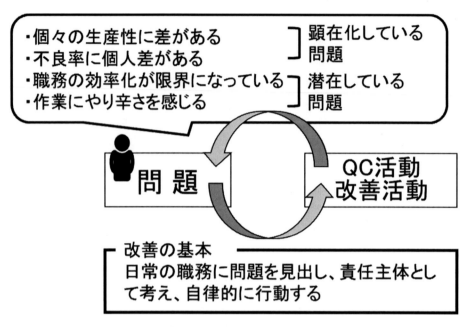

図 10：日常業務で発生する問題とその改善

3．問題の種類／現状に視点・目標に視点

　図 10 からも確認することができますが、QC 活動、改善活動共に職務上で顕在化している、または潜在している「問題」に対して行うものです。

　少し極端な表現ですが「品質に何一つ問題が無ければ、QC 活動も改善活動もする必要はない」のです。

　ではここで、問題について整理してみましょう。問題は次に示す「現状に視点を置いた問題」と「目標に視点を置いた問題」の大きく 2 つに分けられます。問題を一括りで捉えることなく、見分ける目を持てるようになることが大切です。

・現状に視点を置いて問題の原因を考える
　現状に視点を置いて問題の原因を考えるときには、まず状態の変化が時間経過によってどうなっているのかを把握します。その結果が【①常に悪い、②良いときと悪いときがある、③徐々に悪くなっている】のどれに当てはまるのかを判断します。

続いて、ある時点における数値のバラつきを把握します。その時の着目ポイントは、【①狙いは合っているがバラつきが大きい、②バラつきは小さいが、狙いが目標とずれている、③バラつきと狙いの双方に問題がある】です。

そして上記の 2 点に着目し整理してみます。まとめる方法としては、時間を軸にするときは折れ線グラフや管理図を用います。バラつきを軸にするときにはヒストグラムが有効です。

・目標に視点を置いて問題の原因を考える

目標に視点を置いて問題の原因を考えるときには、まず目標の設定に対する考え方によっては、【①高ければ高い方が良い、②低ければ低い方が良い、③ゼロにした方が良い】の3つに分けられます。例えば、生産効率を①のように、「高い方が良いから」といって、現状を無視した設定にすると、無理が生じ、かえって新たな問題を発生させることになります。一方で、不良率を②のように、「低いほうが良いから」といって極端に低い目標を設定しても、本来取り組むべき問題に対する打ち手を講じなければ、問題が改善することはありません。また残業時間を③のように、潜在している問題の改善に取り組むことなく、現実とかけ離れた目標にしても改善にはつながらないといえます。

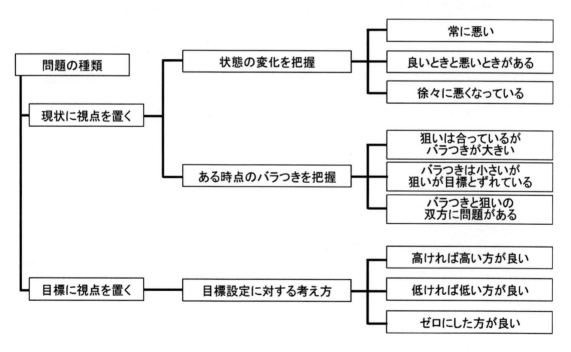

図 11：問題の種類の整理

ここで自身の担当している職務を思い出し、問題点があれば書き出してみましょう。そし

て、書き出した問題点をそれぞれ改善していきましょう。

	担当職務の問題点	どうなったら良い？／理想
1		
2		
3		
4		
5		

　問題点を書き出すことができたら、先ほど確認を行った「現状に視点を置いた問題」と「目標に視点を置いた問題」の 2 つの視点を用いて再確認を行い、書き出した 5 つの問題点の傾向を把握した上で、自身が日頃から「どの視点で問題を捉えている（捉えることができる視点）」のか、また、自身が「持ちあわせていない問題の捉え方（捉えることができない視点）」は何かを整理してみましょう。

💡 ここがポイント!!

　企業では、どの業務においても効率的かつ効果的に業務を進めることと同等に、「品質を保持するために作業工程の改善を行う＝改善活動」は重要です。この改善活動は職務上で顕在化している、または潜在している「問題」に対して行うものです。そこで大切なのは「問題」を一括りにして捉えるのではなく「何が問題なのか」を説明できるようになることです。そうした取り組みの積み重ねが問題の改善や解消につながり、ひいては顧客満足度の向上にもつながるのです。

4．改善活動における重要なポイント

　改善活動においては次の 5 点が重要なポイントです。 1 つずつ確認すると同時に、先に書き出した担当職務の問題点の改善のヒントを見出してみてください。

① 問題や課題を主体的に改善していく

　小集団で行う改善活動が TOP ダウンで行われていると指示命令の色が濃くなり、使命感や主体性よりも義務的な要素が多くなります。あくまで参加者の主体的な行動に基づいていることが重要です。

② 経営参加意識の醸成

　小集団の参加者が「改善提案を通じて経営に参加する」「何らかの形で企業の成長に貢献している」という意識を持っている、もしくは持てるような取り組みにしていくことが重要です。

③ 着眼点

　着眼点は、「合理化、効率化、原材料の節減、コスト削減、疲労軽減、工程削減、品質向上、短納期化、クレーム削減、仕事上でやりにくく感じていることの解消」などがあげられます。いずれも改善に取り組んだ結果、顧客満足度の向上につながることが重要です。

④ 評価とフィードバック

　小集団活動の結果提出された改善案を一定のタイミングで評価・フィードバックすることも重要です（金額や時間に換算し、ランクにより得点を与え表彰するなど）。また、技術レベルの高い改善については、特許（実用新案、意匠含む）などへの出願をする流れを組んでおくことも重要です。

⑤ 教育

　参加者が定期的に集まって、好事例やヒヤリ・ハットの共有、他社事例の共有、改善に関する研修などを行い、全体レベルの底上げをすることも重要です。

　上にあげた 5 つを整理して、改善活動のプログラムに効果的に取り入れていくことでメリハリがつき充実します。また、いつもの小集団で集まるだけではなく、他の小集団と共通のテーマに取組むなどの変化を加えることも活動を継続していくための重要なポイントになります。

　ここであらためて伝えたいことは、改善活動によって直ちに問題の解決や、目に見える改善につながらなくても、大切なのは焦らず地道に継続していくことです。

5．改善活動は永続的に続きます

　改善は、対象となるテーマ／事案に対して「緊急対策」をとることではなく、「恒久対策」をとることです。問題や課題となっていたテーマ／事案が「改善され、恒久的に問題とならな

い状態」になって初めて終了となります。

　それでは、下記の①②を確認してどちらが「恒久対策」なのか考えてみてください。

---

①　特定の環境下で製造した袋製品は強度が弱く、顧客から求められている品質基準を下
　　回ることが判明した。そのため「該当ロット No の製品は、別ロットのものと取りかえ
　　ること」で顧客から了解を得た。

②　特定の環境下で製造した袋製品は強度が弱く、顧客から求められている品質基準を下
　　回ることが判明した。原因を解明するため小集団を編成し改善活動に取り組み「別ロッ
　　トのものと同様に、品質基準を満たせる製品が作られるようになった」。

　如何でしたか。「恒久対策」は②になります。①は顧客への一次対応としては必要なことで
すが、これを改善活動とは呼びません。

　製品自体を別のものに取りかえても、問題となっている "特定のロット No の製品の品質"
が改善したわけではありません。ましてや、①で満足してしまっては、根本的な問題を放置す
ることになります。

　また、担当者が離職してしまったら、事の顛末を知っている人が少なくなり改善活動は一層
難しくなります。

　そこで②のように小集団を編成することで、例に示したような問題を「社員個人に担当させ
て緊急対策で終えてしまう」ことなく、「恒久対策」に向けた改善活動として取り組むことが
できるようになるのです。

　考えてみると、問題を放置して後日同じような問題が発生するリスクや、その際のロスを考
えると、②のような改善活動に取り組むことの重要性がわかると思います。

　また QC サークル（小集団の通称）の基本理念は次のように書かれています。

　・人間の能力を発揮し、無限の可能性を引き出す。
　・人間性を尊重して、生きがいのある職場をつくる。
　・企業の体質改善・発展に寄与する。

　これを読むと、改善活動は企業のためであると同時に人間性を高めるための活動でもあることがわかります。とすると、個人にとっても継続していくことの重要性がわかります。

　改善活動への取り組みを始めて一定期間が経過すると、組織ごとに最適な進め方や考え方が出来上がってきます。

　既に、何十年と改善活動に取り組んでいる企業の中には、最適な進め方や考え方などの一定の型を持っていて、小さな問題であれば、労を要すことなく恒久対策につなげるまでになっています。

　こうした企業の QC 活動、特に、品質の改善において手法の面からの改善を下支えするのが QC 七つ道具なのです。改善活動は企業が存続する限り常に向上心をもって継続していくことになります。

ここがポイント!!

　改善は、対象となるテーマ／事案に対して「緊急対策」をとることではなく、「恒久対策」をとることです。改善活動が定着するまでは、手間がかかると感じる場面も多いのが実際です。ただ、一定期間継続していくことで「小さな問題であれば、労を要すことなく恒久対策につなげられる」までになります。企業が存在する限り改善活動が終わることはありません。

03　改善の進め方と技法

■ 品質改善活動の手順と方法

　業務上で発生するさまざまな問題に対して、担当者が個々に全くの自己流で改善に取り組んでも効率は上がりません。それどころか品質にバラつきが生まれ、一層生産のコントロールは遠のくことでしょう。

　改善によって品質を高めるためには、手順と方法を明確にする必要があります。そこで役に立つのが PDCA です。

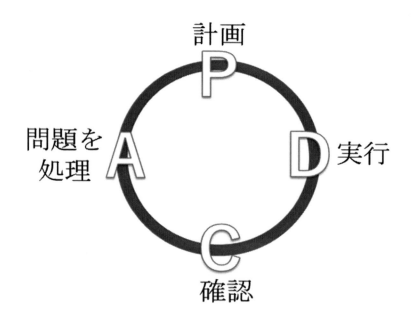

図 12 : PDCA サイクル

　PDCA サイクルは品質管理のための手順で、【Plan／計画、Do／実行、Check／確認、Action／問題を処理】で示されます。重要なのは、PDCA の各手順をしっかりと理解すること。そして何よりも継続して PDCA を運用してサイクルにすることです。

　PDCA は、品質管理のみならず多くのビジネスシーンで活用されています。その理由は、何よりもシンプルで専門的な知識や経験が無くても取り組みやすいからです。

　そのせいか、誤った使い方がなされ「効果が乏しい」といわれることを耳にします。正しく理解して、使いこなせるようになると改善活動の強い味方になってくれます。

　それでは、PDCA について詳しく確認しましょう。

---

① Plan／改善の結果が顧客満足につながるよう、現実性・具体性のある計画を立てることが重要です。

② Do／P の計画に基づいて、確実に実行する（実行の際に、数値データを測定し収集しておくことが次の C で重要になります。）。

③ Check／D において測定し収集したデータを基に、P と D の差異を確認し、その差を埋める行動（改善）を考えます。

④ Action／P・D・C までの過程において得られた結果を検討し、実際の業務の改善を行う段階です。ここで重要になるのが「C で収集したデータと QC 七つ道具」です。ここから改善活動が始まります。継続して P・D・C・A を運用してサイクルにしていきます。

💡 ここがポイント!!

　誰もが PDCA は知っていますが、多くの場合フレームとしての理解にとどまっています。改善活動において用いるためには正しい理解、そして"継続して運用してサイクルにしていくこと"が重要です。

MEMO

04　セルフチェック

第1章　セルフチェック

- [ ] 顧客の期待を満たすことを示す言葉に「顧客満足度」（CS／Customer Satisfaction）があり、意味は「顧客がどれくらい満足しているか」となります。

- [ ] 製造業における顧客満足とは、顧客とあらかじめ取り決めた品質が担保された製品を安定供給すると同時に、その品質を証明するためのエビデンスを示すことです。

- [ ] 製造業における顧客満足とは、日々のQC活動（品質管理活動）と改善活動の連続が欠かせず、容易に得られるものではありません。

- [ ] 日本のものづくりが世界一と評されるのには、QC活動と改善活動の継続に加えそれを証明するデータがあったからです。

- [ ] 改善活動を続けていくために欠かせないのは事実を捉えた信頼性のあるデータです。

- [ ] 測定したデータが集まってきたら、QC七つ道具を基に"データが示す内容／背景に潜む問題や課題を読み取ること"に移ります。

- [ ] 「問題に気づく」「問題の原因を考える」「問題を解消する」などの目的に応じてデータを分析することが重要になってきます。

- [ ] 改善は、対象となるテーマ／事案に対して「緊急対策」をとることではなく、「恒久対策」をとることです。

- [ ] PDCAは正しい理解と合わせ、実務レベルで継続して運用してサイクルにしていくことが重要です。

第 2 章

データを活用する

~ 量的に示すことの重要性 ~

01　データ収集の目的

1．データの収集

データは、私たちの身の回りに溢れています。整理してみると次のようになります。

		目的	形	例
主体的	知る	知ることを目的にしているが、一部は活用することもある	活用できる完成形として入手できる	書籍やテレビ、ラジオ
	活用する	活用することを目的にしている	自ら活用できる形に仕上げる必要がある	職務におけるデータ収集
受身	知る	知ることのみを目的にしている	活用できる完成形として入手できる	CMやチラシ、看板
	活用する	活用することを目的にしている	活用できる完成形として入手できる	義務教育における学習

改善活動において、「他社の具体的な事例や、書籍で紹介されている一般的な事例、セミナーや講習会で講師が話すこと」といったデータから学ぶこともあります。

ただ、改善活動の最終段階で重要になるのは、自社の顧客満足度の向上に欠かせない、問題の改善に必要な「現場から収集された目の前のデータ」なのです。

そうしたデータは、企業独自に測定収集し使える形に整理しておく必要があります（データの収集については16ページ「データの取り方」も合わせて再確認しておきましょう。）。

2．データの使い方

　次の項目、「データの目的」を確認する前に、データの使い方を確認しましょう。まず、次の図を見比べてください。それぞれ見て欲しいのは「図から読み取れること、読み取れないこと」です。

A

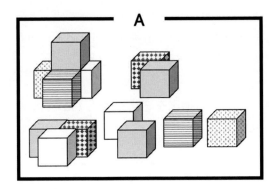

B

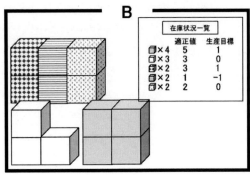

Aから読み取れる情報

Bから読み取れる情報

　A・Bにはどのような違いがありましたか、またその違いによって何が変わるのでしょう。

Aは、

✔在庫状況が表示されていないので、在庫を数え直す必要がある。

✔在庫状況が表示されていないので、在庫状況を把握するまでの時間が長い。

✔生産目標が表示されていないので、生産に必要な量がわからない。

✔在庫状況が表示されていないので、材料の購買計画が組みづらい。

Bは、

✔在庫状況が表示されているので、在庫を数え直す必要がない。

✔在庫状況が表示されているので、在庫状況を把握するまでの時間が短い。

✔生産目標が表示されているので、生産に必要な量がわかる。

✔在庫状況が表示されているので、材料の購買計画が組みやすい。

　などが表示されている情報から即座に把握でき、職務の効率をあげることにつながります。

　一方で、B に表示されている【在庫状況一覧】からは、在庫製品個別に日々の動きを把握することはできません。

　この製品に消費期限があるものだったら、この在庫状況一覧では、「必要な情報が不足している」わけです。「どの製品の動きが速く、どの製品は動きが悪いので消費期限が迫っている」などの情報を表示できるように、データを集めて情報を表示する必要があります。

　データは、「必要な情報を示すことを目的に集める」という原則を忘れてはいけません。

　データは、必要な情報を示すことを目的に集めます。品質管理の最終段階で重要になるのは自社が向き合っている問題の改善に必要な「目の前のデータが示している情報」なのです。そのため測定収集したデータは、使える形に整理しておくことが重要です。

3．データの目的

　データの収集には目的があります。データを収集することで何ができるのでしょうか。
　第 1 章の図 2 のように、顧客満足度の差を状態として確認することはいくらでもできます。ですが一方で、改善に向けて「具体的な取り組みに移る」となると、こうした状態のままでは手が付けられません。ここで必要になるのがデータなのです。

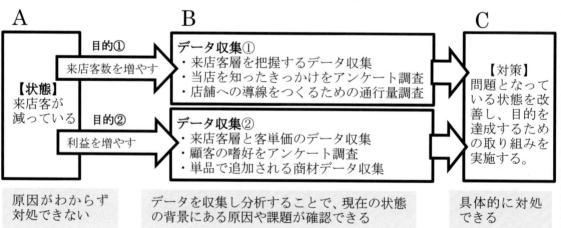

図 13：状態とデータ収集の関係

　図 13 の流れにおいて A のままでは、状態を把握しているだけで、「何が原因なのか」わからず、「どうなると良いのか」といった目的も曖昧なので、「新メニュー開発やポイントカードの発行、店舗改装、清掃を 1 日 3 回にする、チラシを配る、宅配事業に取り組む」など、闇雲に対策をとることになり問題の解消は遠回りになります。同時に無駄な費用や時間や労力を注ぐことにもなります。

　そこで、まずは目的を決めます。そして、必要なデータを収集することで、現状の課題を確認できます。そうすることで、C のような対策をとることができるようになるのです。

　このように、経営上の問題を改善するためには、目的に応じて状況を客観的に確認するための情報が必要となります。だから「データの測定・収集が欠かせない」のです。

４．いまデータが注目を集めている

　この数年「ビッグデータ」や「IoT（Internet of Things）」などの言葉の普及とともに、「データを職務に活用し、企業の成長を加速させよう」という意識が高まってきています。

　これまでのデータといえば、目の前にある商品や製品、また比較的コントロールしやすい環境下にある商品や製品などから直接収集し確認できる数値のことを指していましたが、そうした概念はインターネットの普及によって、完全に変わったといっても過言ではありません。

　例えば、ある重機のメンテナンスのタイミングは、製造過程において計算された理論上の耐久期間を設定し、その理論値に使用頻度や、環境によって変動する、事前には想定できないケースを組み込み“理論値よりも厳しいタイミングでメンテナンスを組む”ことで不測の事故が起きることを防いでいました。

　ただ、実際メンテナンスに訪問すると「あと 1 年は大丈夫」「あと数日で何らかのエラーが起きていた」といったケースがあり、これはコストであると同時に、リスク管理上の問題だと会議のテーマにあがっていました。

　そこで、IoT が示すように全てのものがインターネットに接続している状況を整えることで、遠隔でデータを収集し分析した情報を基に「一定の状況に達した段階で確実なメンテナンスを行う」ことが可能になりました。それは、海外のユーザーまで視野を広げ、的確なタイミングで意味のあるメンテナンスが可能になったといえるわけです。

　そうして集積したデータは、ビッグデータとなり、特定の環境下において耐性を持った新商

品・製品の開発に活かすことも可能なのです。

　これまで確認してきたように「データ」は今や、単なる数字の羅列ではなく重要な経営資源として見直される時代になりました。

　続いて「データ」を日々の職務にどのように活用したら良いか確認していきましょう。

　この数年「ビッグデータ」や「IoT（Internet of Things）」などの言葉の普及とともに、「データを職務に活用し、企業の成長を加速させよう」という意識が高まっています。「データ」は今や、単なる数字の羅列ではなく重要な経営資源として見直される時代になったのです。

5．データにすることで見えてくること

　データは、品質を管理する際の判断を「感覚任せにしない」ための根拠となる材料ともいえます。

　管理されていないデータは単なる数字の羅列であり、それによって顧客満足が得られることはありません。「何を目的に、どのように収集されて、解析されたものであるのか」が示されたデータでなければならないのです。

　収集したデータを QC 七つ道具を用いて【有効データ化】することで、次のような気づきを得られます。

> ① 規則性：一定条件下における【良い・悪い】の認識
>
> ② 異常値：他と比べて特定部分だけが【高い・低い】の認識
>
> ③ 因果関係：A 及び C の条件下において B という結果が出たことへの認識
>
> ④ 相関関係：一方 D の増加に伴い、他方 E が連動して【増加・減少】したことへの認識

　ここで注意点が幾つかあります。データそのものに対して、取扱う担当者が今までの経験や知識から結論を急ぎ、思い込みで判断を誤ることがあります。これがヒューマンエラーです。大きな決断をする時には、視点や切り口を変えてもう一度、解析を行うことが必要となります。

また、出てきた数値が納得いかない場合も、データの母数を増やしたり、層別にして視点を切り換えたりするなど、もう一度QC七つ道具を使って情報解析をしてみましょう。

次に、よくあるヒューマンエラーの事例をお伝えします。確認して、実務において注意しましょう。

例1. データ量が少ない中で判断を急いでしまう。

データ数を20程度で書いたヒストグラムだと、離れ小島が出現し、異常値のように見える場合があります。ここでデータを取り直したり、データ数を増やすなどしてもう一度解析をやり直しみることで、別の結果が現れてくることがあります。下の図の場合、データ数を100程度まで増やして取ってみると「離れ小島は異常値ではない」ことがわかりました。そして山の多さは、工程そのもののバラつきが大きいことによるものだとわかりました。

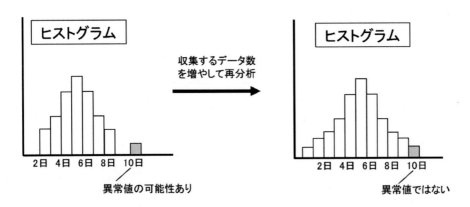

例2. データをグロスで見て判断を急いでしまう。

散布図において、加熱温度と強度には「相関がない」となりました。しかしこれまでの経験から「加熱温度によって強度が異なるはずだ」と考え、データを素材ごとに層別してみました。すると、「加熱温度と強度には相関がある」ことがわかりました。

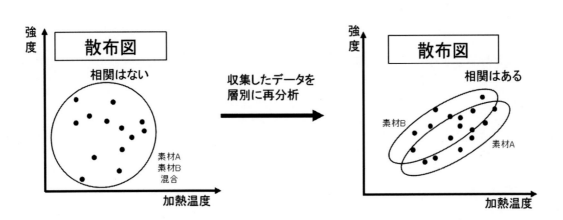

　ここまで確認してきたように、QC 七つ道具を用いてデータを情報化することができたら、結果をそのまま鵜呑みにすることなく、「本当に正しいのか？」と複眼的思考をもって考えてみることが重要です。その際には、これまでの経験や別の QC 七つ道具を使う、データ量を増やしてみる、層別にして再集計する、また QC 活動で取扱ってみるのもよい方法です。

💡ここがポイント!!

　データは、品質を管理するための判断を「感覚任せ」にしないために、欠かせない材料です。ですがそれ故に、QC 七つ道具を用いてデータを情報化することができたら、それをそのまま鵜呑みにすることがあります。ただ、「情報化の過程で多少の誤差をどのように取り扱うのか」は、かかわる人の判断になり、見方によってはデータをゆがめてしまう可能性を常に考えておく必要があります。常に「本当に正しいのか？」と問いかけ、複眼的思考をもって考えてみることが重要です。数値が納得いかない場合には、データの母数を増やしたり、層別にして視点を切り換えたりするなど、もう一度 QC 七つ道具を使ってみることが重要になります。

MEMO

----

02 収集したデータのまとめ方

1. データの重要性

これまでデータを収集することの目的や使い方、またデータにすることで見えてくることについて確認してきました。確認を通じて QC 活動の過程で収集した情報をデータにすることの意味がわかったと思います。この章では、収集したデータのまとめ方について確認して行きます。

2. データのまとめ方

次の図を順に見てください。

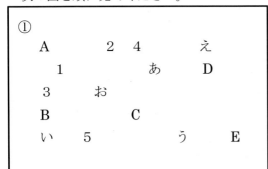

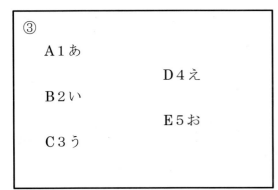

①収集したデータ
②各記号を昇順で層別
③各記号の1番、2番、3番…で層別

シンプルなケースを例示しましたが、①収集したデータが分け方によって意味合いを変えることを確認できたと思います。こうしたデータの共通点や特徴・クセなどに注目して、同じ特徴をもったグループに分けることを層別といいます。層別することによってはじめてデータが意味を持ち、活用できるようになるのです。

　一方で層別する前の①では、データの共通点や特徴・クセを見出すことができず。何にターゲットを絞ったら良いのか、取っ掛かりが見出せません。QC 七つ道具も何を使ったら良いかもわからないため解析することもできず、データを基にした品質管理につなげることもできないわけです。

　層別は、品質管理において何を課題にしているのか、何を改善につなげるのかなどによって分け方は様々ですが、下に例をあげます。

	着目する層	例示
1	原材料	購入先、製造ライン・ロット、受入日、保管期間、保管場所 など
2	設備	機種、機械、型式、ライン、工場、使用した金型 など
3	方法	作業方法、作業条件（速度、圧力、回転数、温度、湿度）など
4	担当者	班、男女、入社年次、経験年数、個人名 など
5	測定	測定機器、測定者、測定方法、測定環境、測定場所 など
6	環境	気温、湿度、天候、風速、場所 など

　こうして層別にすることで、活用する QC 七つ道具の選定ができるようになります。そして、原因の特定ひいては改善活動に向けることが可能になるのです。

　続いて、ヒストグラムを基に具体的な例を見てみましょう。

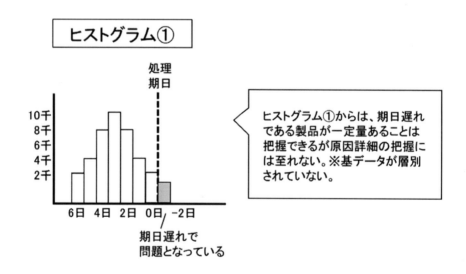

ヒストグラム②【層別：担当】

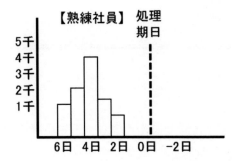

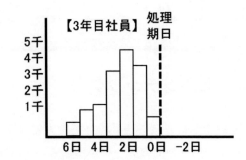

> ヒストグラム②【層別：担当】からは各担当が入社歴によって何日で処理を終えているのかが判ると同時に、期日遅れの担当が誰なのかが把握できる様になっている。※基データが層別されていることに準拠する。

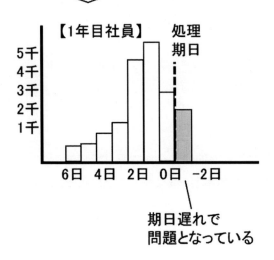

期日遅れで
問題となっている

図14：ヒストグラムの活用場面

MEMO

03　セルフチェック

第2章　セルフチェック

- [ ] 品質管理のための改善活動の最終段階で重要になるのは自社が向き合っている課題の改善に必要な「目の前のデータが示している情報」なのです。
- [ ] 良いデータで作成された情報からは状態が即座に把握でき、職務の効率をあげることにつながります。
- [ ] データを収集・分析することで、現在の状態の背景にある原因や課題が確認できるようになります。
- [ ] この数年「ビッグデータ」や「IoT（Internet of Things）」などの言葉の普及とともに、「データを活用し、企業の成長を加速させよう」という意識が高まってきています。
- [ ] データは、品質を管理するための判断を「感覚任せ」にしないための材料です。
- [ ] データを一定の基準で取りまとめ QC 七つ道具を用いて【有効データ化】することで問題・課題の本質が見えてきます。
- [ ] データをそのまま鵜呑みにすることなく、「本当に正しいのか？」と複眼的思考で考えてみることが重要です。
- [ ] データの共通点や特徴・クセなどに注目して、同じ特徴をもったグループに分けることを層別といいます。
- [ ] 層別にすることで、起こった問題とそれに関して収集したデータを基に、活用する QC 七つ道具の選定ができ、改善活動につなげることが可能になるのです。

第 3 章

七つ道具の確認

01　QC 七つ道具の概要

■ QC 七つ道具を使い分ける

　問題解決において用いられる手法は数多く存在します。そうした中でも「QC 七つ道具」は誰でも簡単に使えるものとして多くの現場で用いられています。一つ一つの特徴を把握したうえで QC 七つ道具を実践で使えるようになることを目指しましょう。

	名称	特徴
1	パレート図	問題となっている不良や欠点を層別にしてデータを取ることで、取り組みの範囲を重点指向で決定するための判断材料として用いる。
2	特性要因図	問題を引き起こしている原因を特定するために、その要因を見える化し整理する必要がある際に用いる。
3	チェックシート	データの記録、集計、整理を容易にし、不具合の出現状況を把握する必要がある際に用いる。
4	グラフ	代表として、円グラフや折れ線グラフがあります。互いに関連する 2 つ以上のデータの相対的関係を表す図で、データの対象を一目で確認したい際に用いる。
5	ヒストグラム	測定値の存在する範囲をいくつかの区間に分け、データのバラつきを調べる際に用いる。
6	散布図	2 つの特性値間に関係があるかどうか調べることが必要な際に用いる。
7	管理図	製造工程において自然のバラつきと異常原因によるバラつきを区別して、安定して生産できているかどうかを調べる際に用いる。

ここがポイント!!

　QC 七つ道具は、目的によって使い方が異なります。何を問題・課題としていて、改善のためにどんなデータを計測・収集するのか、そしてそこからどのような情報を得たいと思っているのかによって使い分けが必要です。

02 パレート図

パレート図は、問題や課題となっている不良や欠点、クレーム、事故などをその現象や原因別などの層別に分類したデータを取って、不良や欠点の個数などを多い順に並べた棒グラフとその累積構成比を表す折れ線グラフを組み合わせた図のことです。

問題を層別にすると、上位の1位や2位の項目で全体の70％を占めることが多いものです。パレート図は全体の中でウェイトをもつ問題が何であるかをハッキリさせる場合に有効で、重点指向には欠かせない手法です。

1．パレート図の使い方

例えば、ある製造の過程で4品目において不良品が発生していたとします。どの製品で不良品が多いのかを把握し、品質改善に繋げる必要があります。集計をしてみると、図15のような順になっていることがわかりました。こうしてみると、どの製品で不良品数が多いのか把握することができます。

一方、数字だけでは問題の度合いがわかりにくいという欠点があります。

■1. 製品ごとの不良品数（週）

製品名	不良品数（個）	品別比率（％）
製品A	500	55.5
製品B	250	27.7
製品C	100	0.11
製品D	50	0.05

図15：製品ごとの不良品数（週）

■2. 不良品数の棒グラフ

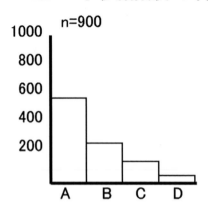

図 16：不良品数の棒グラフ

　そこで図 16 のように、グラフ化します。図にすることで製品 A の不良品数が多いことがわかります。ただ、本当に製品 A の不良品を減らすことだけに専念すればよいのでしょうか。こんなときに活用できるのが重点指向で判断できるパレート図です。

■3. 不良品（個数）を縦軸にしたパレート図

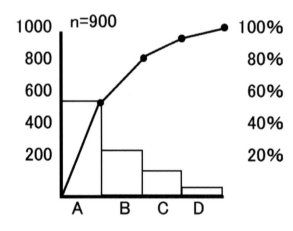

図 17：不良品数を縦軸にしたパレート図

　図 17 がパレート図です。こうしてみると A・B で全体の 80％を超えていることがわかります。パレート図にすることで、製品個々の不良品数の割合が全体のどの程度を占めるかがわかり、改善活動に向かうことができるようになります。

組織において不良や欠点は常に発生します。そうしたとき、全方位で改善に向かうことができれば良いのですが、経営資源には限りがあります。優先的に取り組む対象を決めることが重要になります。この場合、AそしてBの改善に重点的に取組み、時間や人員または金銭的に余裕があればCに取組むという戦略的発想を持てるようになります。

　このようにパレート図は、全体に対する比率を確認し、どこまでを優先的に取り組むのかを判断するためのツールです。

２．パレート図の活用

　先の例のようにパレート図を作成する際には、特性値に数量を取ることが多くみられます。しかし、ここで金額換算したものを一緒に描くことで、視点が切り替わり「不良品数が多いほど、企業に与える金銭的問題が大きい」とは一概にいえない場面も出てきます。

　図18を確認してみましょう。図17ではAそしてBの順で改善に重点的に取り組むことを判断しましたが、金額換算したものを描くことで、視点が切り替わることがわかります。

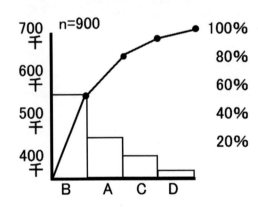

■4. 金額を縦軸にしたパレート図

図18：金額を縦軸にしたパレート図

　このように縦軸の項目に何を持ってくるのかによって、視点の切り替えが可能になります。また、こうした切り換え方法を知っていることで「一旦は、優先取り組み項目や改善取り組み製品が決定した後も再考する」きっかけを持てるようになります。

　何を優先する項目とするのかによって、改善に取り組む対象製品や対象となる欠品や欠点

は変わってきます。そのほかにも、利益率や取引先との関係における重要度、改善に投ずる経営資源の量など項目はたくさんあります。

　企業経営では、最終的に重要なのは利益です。利益を増やさないことには資金繰りに支障をきたします。そのため改善において多くの場合、損失金額が優先する項目になります。

　件数と金額を縦軸にしたときのパレート図が異なり、大きな差がある場合にはお客様への影響度や、先に述べた特定の製品を通じたお客様との関係性など経営的な判断を基に、優先的に取り組む範囲を決定していきます。

ここがポイント!!

　パレート図は、数字による大小の関係だけでは、優先取り組み製品がわかりにくいときに判断するための道具として用います。パレート図によって、優先して改善に取り組む対象製品や対象となる欠品や欠点は何かを判断しますが、完全ではありません。最終的には、経営判断が優先されることもあります。

03　特性要因図

　特性要因図は、特定の結果（特性）と要因との関係を「人」「機械」「材料」「方法」（「人：Man、機械：Machine、材料：Material、方法：Method」の頭文字を用いて 4M と呼ばれます。）などの観点から系統的に表して検討していくための図です。問題を起こしている原因を突き止めるために、さまざまな要因を漏れなく抽出し効率的に調査を進めていくためのツールです。

　特性要因図では、解決すべき問題（特性）を右端に書き込みます。そこへ向かうように伸びた横線の両側に斜めの方向の線を書込み、その問題に関連する要因を書き込んでいきます。その要因について根本原因を見出すまで続けていきます。
　言葉による説明ではイメージを抱きづらいと思うので、図 19 を確認しながら進めていきましょう。

　A社で管理部の残業時間を削減するための話し合いの中で、「各部から提出される書類に対する記入漏れやミスに関する問い合わせや、再処理」が問題になっていることがあげられました。この問題の原因を特性要因図で考えることにしました。

　話し合いのなかで、まず最初に4Mについて確認しました。それぞれ記入者（各部の記入する）、システム、書類、記入方法としました。

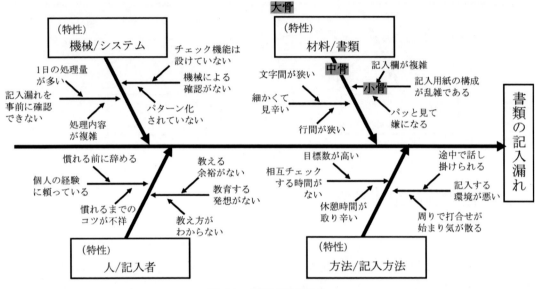

図 19：特性要因図①

　続いて、「なぜなぜ問答」で中骨→小骨と発展させていきます。そうした過程を各大骨も同様に行い、原因を特定していきます。

　そして、全体の要因が出そろったら、これが真因だろうという箇所に図20のように○を付けていきます。

　この際に、○を付けた要因を「全員で考えて○を付けた決定事項」と固定してしまうと後々の判断を誤ってしまう可能性があるので注意しましょう。

　こうして特製要因図を作ることで、A社管理部の残業時間の背景にある問題の真因が、当初あげられていた「各部から提出される書類に対する記入漏れやミスに関する問い合わせや、再処理」と比べると、より明確になったと同時に、要因が洗い出されていることも確認できます。特製要因図によって問題への捉え方が深まったと考えられます。

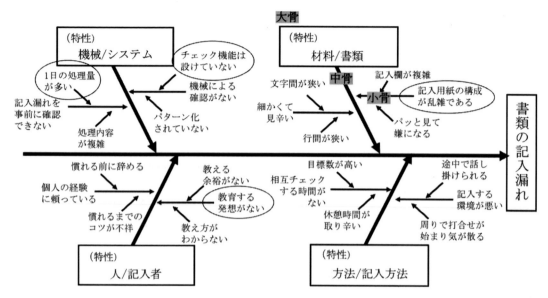

図 20：特性要因図②

1．問題を生み出す仕事の 4M

　先の特性要因図において、特性として取扱った「人」「機械」「材料」「方法」（「人：Man、機械：Machine、材料：Material、方法：Method」の頭文字を用いて 4M と呼ばれます。）は問題を整理していく上でとても重要な考え方です。

　この 4M の考え方は、見方を変えると仕事の結果を生み出しているのが、「人・機械・材料・方法」であり、まとめると次のようになります。

---

①　仕事に従事する人たち
②　製造する機械や業務を進める処理システム
③　取扱う材料や書類
④　その仕事の進め方や、やり方

　この 4M が、仕事の結果を生み出しているとすると、問題の原因もこの内のいずれかになるというわけです。問題の原因をもう一段深めて考える際に+E として環境／Environment を大骨に設定することもあります。

２．特性要因図の書き方（一般的な手順）

　特性要因図の書き方は、一般的に下記の順に行われます。図 20 を確認しながら進めていきましょう。

手順１：問題点の明確化

　まず問題点を明確にします。問題点は現状把握で明らかになった目標と実績の差や、パレート図から確認した重要な問題です。

手順２：大骨の設定

　次に問題点を層別し、4M（人・機械・材料・方法）で大骨を決めます（大骨は単語で書きます）。特性要因図において、この手順が最も重要です。

手順３：要因の探索と重要要因の抽出

　要因を探索する際には、それぞれの問題に対し「なぜなぜ問答」によって「なぜだろう」「なぜだろう」と質問を繰り返して行きます。そうすることで後ろに隠れている要因を洗い出すことが可能になります（要因は短文で書きます）。

　例）機械が急に動かなくなった
　なぜ？：ヒューズが飛んだ
　なぜ？：過大な電流が流れた
　なぜ？：振動連結部のコンセントがショートした
　なぜ？：コードの被膜が局所的に摩耗していた
　なぜ？：コードの位置が低すぎる

　こうして少なくとも「なぜ？」を 5 回は繰り返して要因を掘り下げていきます。すると要因を洗い出すことにつながり、問題を整理することが可能になります。

手順４：重要要因の絞り込み

　各大骨に対する重要要因が書き出せたら、問題の真因と考えられる重要要因に○を付けて絞り込みをしていきます。絞り込む際は次の段階を順に行っていきます。
　　①現場の視察や現場の声を確認する
　　②データを収集し、要因と特性の関係を調べる
　　③現場に特性要因図を張り出して、通常業務を行いながら問題の場所を確認する
　　④必要に応じて実験を行い、データを測定する

手順5：必要事項の記入

> 　一定期間が経過したあとも追跡ができるように、特性要因図を作成した目的、作成日、作成場所、作成にかかわった者など必要事項を記入します。修正を行った場合にも、修正年月日、修正者などを追記していくようにします。

3．特性要因図の効果

　特性要因図の効果は、問題の真因を確認することに留まらず、要因の洗い出しの過程で新人とベテランが部署をまたいでかかわることで、個々に集積してきたノウハウが共有されることもその一つです。そうした過程を通じて技術の継承にもつながります。

　また、特性要因図の作成を一人で行ったり、特定の部門の特定の工程にかかわっている社員だけで行ったりしてもその効果は限定的です。できるだけ多様な人たちと自由な視点を持ち合って作成することが重要となります。

　　特性要因図の効果を最大にするための工夫
　・実際に問題となっていることをテーマに作成する
　・新人やベテランなど多様な階層がかかわる
　・他部署から参加し、知らないことほど積極的にかかわることを推奨する
　・特定の人が発する結論より、新人などが自由な意見を出せる場づくりをする
　・最初から解決思考で挑まず、まとまりない意見や考えを尊重する
　・正解か不正解、適切か不適切などの二元論で片付けない
　・お茶菓子や飲み物を準備するなど、息を抜ける工夫をする
　・特性要因図は模造紙など大きめの用紙に書き出す
　・現場の写真を貼るなど、視覚的な工夫を加える
　・参加者を固定せず、新たな参加者を加えるなど視点の切り替えを行う

　　　　　　　　　　　　　　　　　　　　　　　　　　　　　　　　　　など

　こうした工夫を重ねながら取り組んでいくことで、参加者や現場に特性要因図を通じてノウハウが蓄積していきます。最初は結論を焦らず、しっかりと問題と向き合うことから始めていくことが大切です。

特性要因図は、特定の結果（特性）と要因との関係を「人」「機械」「材料」「方法」（「人：Man、機械：Machine、材料：Material、方法：Method」の頭文字を用いて 4M と呼ばれます。）などの観点から系統的に表して検討していくための図です。問題の真因が確認できることに留まらず、要因の洗い出しの過程で新人とベテランが部署をまたいでかかわるので、個々に集積してきたノウハウが共有できるという効果があります。また技術の継承にもつながります。

04 チェックシート

1. チェックシートとは

チェックシートは、事実を確認したり、情報を得るために作成された記録紙のことです。あらかじめ必要事項を定めているのでデータを手際よく収集でき、整理する際に活躍します。

チェックシートの歴史は古く、エジプトのピラミッドの内部には、ピラミッドを建造したときのものと思われる「人夫の数」「食料となる麦の量」を示す表記が残っています。この頃から記録することの重要度が高かったと予想されます。

チェックシートには次のような種類があります。対象と目的に応じて作成し、要点を踏まえて上手く活用することを目指しましょう。

①記録用チェックシート：日常の業務が上手くいっているか調査するための記録紙

②調査用チェックシート：問題の現状や原因をつかむために特別な調査を行った結果を書き留めておくための記録紙

③絵型式チェックシート：対象項目を特定することが困難で一覧表の作成ができない場合に用いる記録紙

それでは順に確認していきましょう。

２．記録用チェックシート

　記録用チェックシートは、チェック対象の発生があらかじめ予想、特定できる場面において用いられます。対象項目を設定しておくことで、経験の有無に関係なく対象を確認することができ汎用性が高いことが利点です。一方で柔軟性に欠けることが難点ですが、自由記入欄を設けることでそうした欠点を一部補うことも可能です。

　特徴としては、

> ・発生があらかじめ予測できることを規定項目として列挙する。
> ・点検時期、方法、手順を記載する。
> ・チェックにおける基準を統一する。
> ・規定項目以外に、新たに確認された不具合などを記入する欄を設ける。
>
> 　　　　　　　　　　　　　　　　　　　　　　　　　　　　　　　など

　実際に図を見ながら確認を進めていきましょう。

加工工程不具合発生記録チェックシート

	月日	10/1	10/2	10/3	10/6	10/7	10/8
	担当	田中	中村	山田	倉木	大村	山中
1	色ボケ	○	△	△	○	○	○
2	外観	○	△	△	○	○	○
3	へこみ	○	○	○	○	○	○
4	キズ	○	○	○	○	○	○
5							
6							
合計	△×		2	2			
記入方法：○合格、△検査、×調査				責任者確認欄：<u>大木</u>			

図21：加工工程不具合発生記録チェックシート

３．調査用チェックシート

　グラフやヒストグラム、散布図などを作成するためのデータ収集を目的としたものが調査用チェックシートです。そのため、後の解析の目的に見合ったものが理想とされます。

特徴としては、

> ・解析に必要なデータ収集項目を設定する。
>
> ・チェックマークは収集しやすく、解析しやすいものとする。
>
> ・データの集計欄を設ける。
>
> など

実際に図を見ながら確認を進めていきましょう。

製造工程不具合調査記録チェックシート

10月4日　担当：　中山

	製品	全数	不良数				
			9:00	11:00	14:00	16:00	18:00
1	A	18000	10	2	1	0	0
2	B	25000	0	0	0	5	0
3	C	7800	0	0	0	0	0
4	D	5500	0	0	0	0	0
5	E	37000	0	0	0	0	3
6	F	263000	12	25	15	0	0

図 22：製造工程不具合調査記録チェックシート

4．絵型式チェックシート

　絵型式チェックシートは、一覧表では詳細な問題箇所を表現することが難しい場合に、製品などの絵をチェックシートに描いておき、必要箇所のチェックを絵に入れるかたちで用いられます。

　実際に図を見ながら確認を進めていきましょう。

加工場入室前チェックシート

図23：加工場入室前チェックシート

汚れ箇所チェックシート

図24：汚れ箇所チェックシート

　「汚れを確認して、次の人に伝える」業務が発生した際に、そのことを言葉で表現すると、複雑になりかえって伝わりづらくなります。一方、図24のように絵型式チェックシートを用いることで格段に伝わりやすさが増します。実際にクリーニングの汚れ確認やレンタカーの出発前確認などで活用されています。

　チェックする項目を言葉で表現しようと思うと、「長くなってしまい」かえって複雑にしてしまう可能性があります。そこで絵型にすることでシンプルに伝えることが可能になります。

　絵型式チェックシートに記録用チェックシートを併用することで詳細なデータを収集する

ことが可能になります。このようにチェックシートは、それぞれの特徴を掛け合わせて用いることで業務に合ったシートを作成することが可能になります。

５．チェックシートの作り方

　それでは、実際にチェックシートを作ろうとしたときに気を付けるポイントを次に例示します。まず、チェックシートは「使いやすい」「間違う要素がない」「集計しやすい」の３点が前提であることは覚えておきましょう。

　実用に合わせて次のポイントを踏まえてシートを作成するよう心掛けてください。

・目的に合ったチェックシートを作成する。

・チェックシートのタイトルを必ず上部に記載する。

・チェック者や日時などを記入する欄を設ける。

・項目は実際にチェックしやすい順に並べていく。

・チェックにはシンプルな記号（「○」「////」など）を用いる。

・合計などの欄を設ける。

・チェック箇所を正確に入れられるような絵を入れる。

　　　　　　　　　　　　　　　　　　　　　　　　など

ここがポイント!!

　チェックシートは、事実の確認や特定の情報を得るために作成された記録紙のことです。あらかじめ必要事項を定めているためデータを手際よく収集したり、整理するのに活躍します。チェックする対象と目的に応じて作り分けると、効果が高まります。

05　グラフ

1．グラフとは

　グラフとは、互いに関連する 2 つ以上のデータの相対的関係を表す図であり、全体の姿から情報を得るのに便利な手法です。円グラフ、折れ線グラフ、棒グラフなどさまざまな種類があり、グラフを活用することで物事をいろいろな角度から見ることができます。

　グラフには次のような特徴があります。

①視覚的にわかりやすい

　　数字などのデータを、点の動きや図形の大きさに置き換えることによって、直観的に全体像を把握することができるようになり、その内容を視覚的に理解しやすくする特徴があります。また、数字一つ一つを読み解く必要がないので、専門知識がなくても抵抗なく全体の状況を確認することができます。

②作成が簡単である

　　複雑な計算式や、高度な知識、経験を必要としないので、誰でも手軽に作成することができ、それを基にした他者への情報伝達ができます。

③　要点の理解が早い

　　言語の場合、共通言語を用いることができる民族間における情報や理解の共有は早い一方で、使用言語の異なる他者との情報や理解の共有が安易に行えない問題があります。グラフにすることでそうした課題がクリアになります。

2．グラフの種類

　グラフには、たくさんの種類があってそれぞれに特徴があります。この特徴を理解した上で使いこなせるようになることが重要です。それぞれ確認を進めていきましょう。

①折れ線グラフ

> データを直線で結ぶグラフで、数値の変化を見ることができます。横軸に時間の経過をとれば、特性値の時間的変化を読み取ることができます。

②棒グラフ

> データを同じ幅の棒で並べたグラフで、数量の大小などを比較することができます。個別の値や担当者別などを比較することができます。

③円グラフ

> データ全体を円で表し、各割合を扇方の図形で表したグラフです。円グラフからはデータの内訳を見ることができます。

④ 帯グラフ

> データ全体を長方形で表し、各項目のデータの割合を全体の長方形の内側を線で区切って表したグラフです。データの内訳を知ることができます。

⑤レーダーチャート

> 項目数を中心から直線を蜘蛛の巣のように伸ばしたグラフで、項目別の評価などを知ることができます。

実際に図を見ながら確認を進めていきましょう。

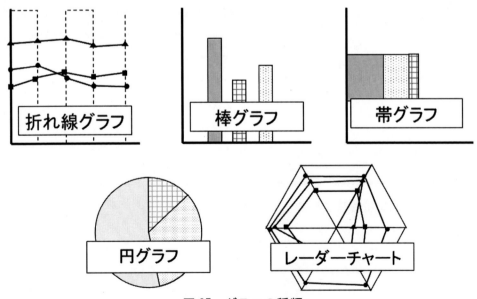

図 25：グラフの種類

３．折れ線グラフ

　確認してきたようにグラフには幾つかの種類があります。ここでは折れ線グラフを紹介します。折れ線グラフは、数量の変化の状態を見るグラフです。数値の大小が比較できるとともに、時間の経過による変化がわかりやすいという特徴があります。特に横軸に時間をとったものは時系列グラフあるいは、管理グラフとも呼ばれ、日常の工程管理などに広く使われています。

４．折れ線グラフ作成時のポイント

　折れ線グラフを作成するときには次の 4 つのポイントに気を付けることで確認しやすいグラフを作成することができます。

---

　① 目盛りは省略しないようにする

　② 打点は大きく書く

　③ 管理水準や目標値を入れることで理解が早くなる

　④ 横軸の説明は、項目の最後に書く

わかりづらい折れ線グラフ

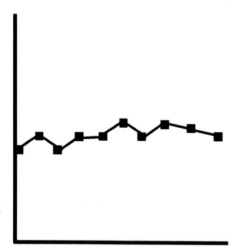

　図 26 の折れ線グラフは、縦軸と横軸の目盛りのバランスが悪いため、打点と打点の間が極端に狭く、縦の幅も狭いため、変化がわかりづらいグラフとなっています。目盛りのバランスを変えながら、時間の経過による変化が見やすいグラフにする必要があります。

図26：わかりづらい折れ線グラフ

わかりやすい折れ線グラフ

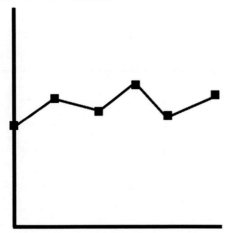

図 27：わかりやすい折れ線グラフ

図 27 の折れ線グラフは、縦軸と横軸の目盛りのバランスが良いため、打点と打点の間が適度に保たれ、縦の幅も広いため、変化がわかりやすい折れ線グラフとなっています。このように時間の経過による変化が見やすいグラフにする必要があります。

ここがポイント!!

　折れ線グラフは、数量の変化の状態を見るグラフです。数値の大小が比較できるとともに、時間の経過による変化がわかりやすいという特徴があります。時間の経過による変化が見やすいグラフにするためには、【①目盛りは省略しないようにする、②打点は大きく書く、③管理水準や目標値を入れることで理解が早くなる、④横軸の説明は、項目の最後に書く】といったポイントを押さえて作成する必要があります。

06 ヒストグラム

1. ヒストグラムとは

　ヒストグラムは、データがどのようにバラついているのかを見るための図です。測定値の存在する範囲をいくつかの区間に分けて、その区間に属するデータを集め、その度数を棒グラフで表した図です。

　まずは次の2つの図を見てください。

A事業所20名の作業時間｜平均作業時間32.1分				B事業所20名の作業時間｜平均作業時間32.1分			
27	38	22	33	42	38	17	34
42	34	33	32	21	32	30	28
37	34	44	30	44	31	24	36
36	26	35	28	31	48	27	27
25	23	32	31	33	25	36	37

図28：作業時間データ

　図28では、A事業所（左側）、B事業所（右側）ともに平均作業時間は32.1分です。一方で両事業所の標準偏差を確認してみると、A事業所は5.86で、B事業所は7.71とその差は1.3倍近くあります。このことから、B事業所の作業時間のバラつきが問題であることがわかります。ただ、図28の表ではこれ以上確認を進めることができません。そこでヒストグラムを活用します。

　ヒストグラム作成前に、両事業所の作業時間のデータを5分ごとに区切って表（図29）にします。

A事業所	
区間（5分ごと）	度数（人数）
20-24	2
25-29	4
30-34	8
35-39	4
40-44	2

B事業所	
区間（5分ごと）	度数（人数）
15-19	1
20-24	2
25-29	4
30-34	6
35-39	4
40-44	2
45-49	1

図 29：図 28 を整理

　このデータを基にヒストグラムに置き換えてみます（図 30）。ヒストグラムにすることで、B 事業所で問題になっている区分を把握することができます。このように作業時間は平均値だけではなく、区分のバラつきを見ることも必要であることがわかります。

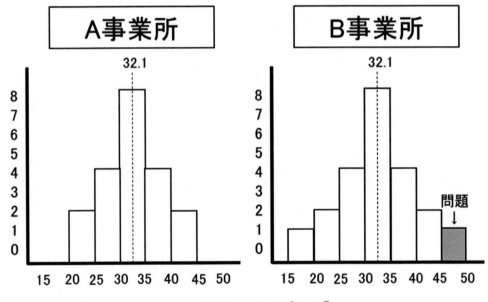

図 30：ヒストグラム①

２．ヒストグラムの書き方

　ヒストグラムを作成するにあたっては、これまで確認をしてきたように、まずは適切な区間の数や幅を決め、その結果から度数表を作成するところから始まります。
　続いて度数表に基づいて区間ごとの棒グラフの隙間を詰めて書き、データ数、平均値、標準偏差などを書き込んでいきます。

3．ヒストグラムの読み方

　ヒストグラムを作成することで、データの分布状態を山の形で判断することができます。山の形の中には、あとで詳細を説明しますが「離れ小島」「二山」「絶壁」と呼ばれる形状で異常が確認されることもあります。その際は、層別データの検討を行います。

　よく確認されるヒストグラムの形状を図示します。それぞれの特徴を確認しましょう。

①　一般型

　度数は中心付近が最も高く、左右対称に近い形です。工程が安定状態にあるときに確認されます。（図31）

②　離れ小島型

　分布の右端や左端に「離れ小島」のようなデータが確認されます。この場合、異常データが一部混入している可能性があります。仮に、このデータが測定ミスであった場合は、このデータを外して、もう一度ヒストグラムを作成します。また、測定ミスでなければ、そのデータの履歴を確認してみます。（図31）

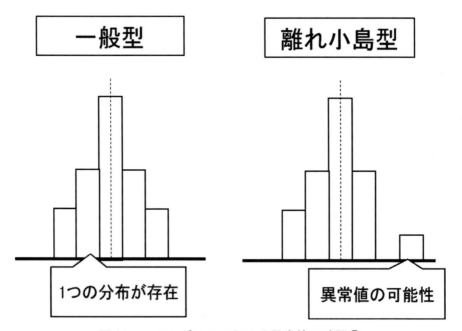

図31：ヒストグラムにおける異常値の確認①

③ 二山型

二山型は、分布の中心付近の度数が少なく、左右に山ができ、平均値の異なる 2 つの分布が混じっているときに現れます。この場合 2 つの異なる平均値の分布を層別して、それぞれにヒストグラムを作成する必要があります。（図 32）

④ 高原型

高原型は、各区間の度数があまり変わらず高原状になり、平均値が異なるいくつかの分布が入り混じったときに現れます。この場合複数の異なる平均値の分布を層別して、それぞれにヒストグラムを作成する必要があります。（図 32）

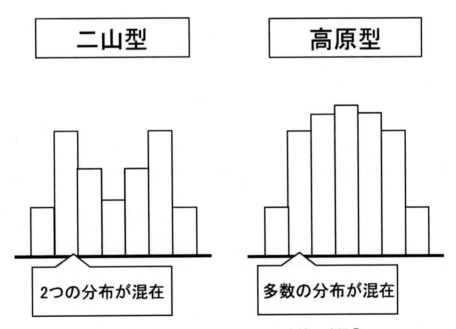

図 32：ヒストグラムにおける異常値の確認②

⑤　絶壁型

絶壁型は、片側が絶壁のように
なっている状態のヒストグラムです。
規格値外品を全数選別して取り除い
たときに現れます。このような場合
には、規格で制限されたデータや外
されたデータも全体に入れたうえで、
測定する必要があります。

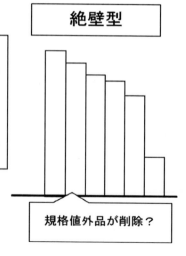

絶壁型

規格値外品が削除？

図33：ヒストグラムにおける異常値の確認③

ここがポイント!!

　ヒストグラムは、データのバラつきを見るための道具です。測定値の存在する範囲をい
くつかの区間に分けて、その区間に属するデータを集め、その度数を棒グラフで表します。
必ず適切な区間の数や幅を決め、その結果から度数表を作成するところから始めます。ま
た、完成したヒストグラムから「離れ小島」「二山」「絶壁」など異常が確認されることもあ
ります。その際は、層別データの再検討などを行いヒストグラムを再度作成することが必
要になります。

07　散布図

1．散布図とは

　散布図は2つの対になったxとyのデータがあるときに、データ間に関係があるかどうか
を調べるため、xとyの交点を「・」でプロットし、この点の散らばり方から、対になった2
つのデータ間の関係があるか、ないか（相関という）を見るための道具です。この散布図で最
も身近なものに身長と体重の関係を示したものがあります。

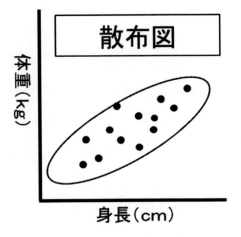

図34は身長を横軸、体重を縦軸にして作成した散布図です。この図からは、点の分布が右上がりに分布していることが確認されます。よって身長と体重の間には一定の相関関係があることが説明できるわけです。また、このように右上がりの分布を「正の相関がある」と呼びます。

図34：散布図｜正の相関がある

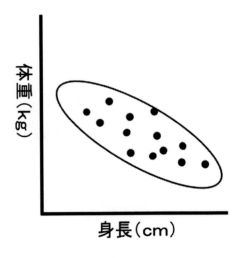

図35：散布図｜負の相関がある

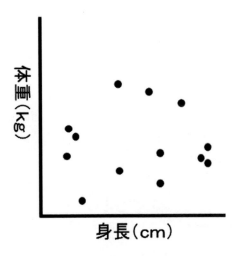

図36：散布図｜相関がない

　また、図35の散布図において、左側は右下がりに点が分布しています。この状態を「負の相関がある」といいます。一方で、右側は点がグラフの全体に散っていてまとまりがありません。この状態を図36「相関がない」（データに互いの相関が認められない。）といいます。一方で、「相関がない」場合でも層別データの検討をする（視点を切り換える）ことで相関が現れることもあります。

2．散布図の書き方

　散布図を作成するときに、グラフの形を正方形にして目盛りはデータの最大値と最小値で幅が同じになるよう設定すると確認しやすくなります。また、そうすることで相関関係も正確

に判断することが可能になります。

散布図の作成手順

①データを集める

　　相関を調べるためのデータを組みで集め、データシートにまとめます。ここで対応する 2 つのデータをそれぞれ x、y とします。

②データ x、y それぞれの最大値と最小値を求める

　　層別データにおける各最大値と最小値を求めます。

③横軸と縦軸を記入する

　　横軸に x、縦軸に y をとります。最大値と最小値の差（範囲）が、それぞれ等しい長さになるよう目盛りを記入します。

④データを打点する

　　横軸と縦軸のデータが交わる箇所を「・」で打点します。同じ数値のデータがあって重なる場合には「⊙」を記入します。全てのデータの打点が終わったら、相関を確認します。

　最初に作った散布図から「相関がない」と判断したものの、違和感を感じたのでデータの履歴を確認して、再層別してもう一度散布図を書き出してみると「相関がある」という判断に変わることがあります。この逆もしかりで、一度で判断を固めるのではなく検討を重ねることはとても重要なことです。

ここがポイント!!

　散布図は 2 つの対になった x と y のデータがあるときに、データ間に関係があるかどうかを調べる道具です。まずは、相関が予測されるデータを、調べるために組みで集め（同一人物の身長と体重、対象物へ特定の刺激を与えた期間と影響を受けると考えられる数値の変化など）データシートにまとめます。作成した散布図が、右上がりに点が分布していれば「正の相関がある」、右下がりに点が分布していれば「負の相関がある」、散布図の枠内に点が分散していれば「相関がない」といいます。相関については、層別データの検討をする（視点を切り換える）ことで変化することもあります。

08 管理図

1．管理図とは

　管理図とは、時系列で得られるデータが統計的に異常かどうかを判断するための道具です。時系列データを見る一般的な道具には「折れ線グラフ」が多く用いられます。では、この折れ線グラフと管理図は何が異なるのでしょう。それは、管理図には「理論的に算出された境界線（管理限界線）がある」ことです。この境界線の設定によって「データを管理できる」ようになるのです。

　一般的な折れ線グラフと管理図の違いを次の図で確認してみましょう。

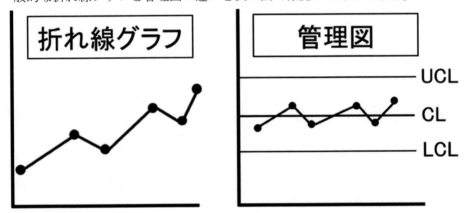

図 36：折れ線グラフと管理図の違い

　図 36 の管理図における CL とは「Center Line」中心線のことです。そして UCL は、「Upper Control Line」上方管理限界線を指します。最後に LCL は、「Lower Control Line」下方管理限界線のことを指しています。

2．管理図と正規分布

　私たちが、ある長さのものを切断しようとすると、全く同じ長さで切断しているつもりでも少しずつバラつきが発生します。また、長さを測定する際にも測定するたびに、ずれによるバラつきが発生します。各工程におけるこうした差が最終的な商品、製品の誤差につながります。この分布を線で描くと「釣鐘を伏せたようなカーブ」を描きます。この曲線を正規分布といいます。

正規分布とバラつきについては、図37で確認していきましょう。

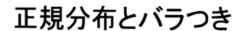

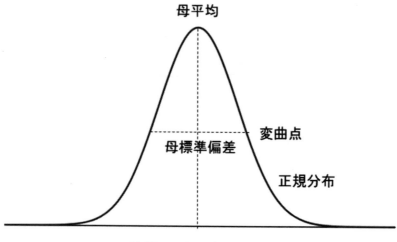

図37：正規分布とバラつき

３．正規分布について

　正規分布は、平均値を中心に左右対称であり、平均値のところで最も高くなり、平均値から右（プラス側）へ少しいったところと、平均値から左（マイナス側）へ同じだけいったところにカーブの角度が変わる変曲点があります。この変曲点から中心の値である平均値までの距離を標準偏差と呼び、バラつきを表す尺度となります。

４．管理図の考え方

　管理図は「バラつきを管理する」ための道具です。本来、仕事には常に何らかのバラつきが発生しています。バラつきには【偶然原因によるもの、自然原因によるもの、能力原因によるもの】があります。そうしたバラつきが欠点や不良の原因となります。この多くは工程の状態を整えることで改善に向かいます。言い方を変えれば、バラつきを抑えられる仕事のやり方を考えていくことが改善なのです。

管理図

UCLを超えたバラつきは、発生原因を突き止め改善する必要がある。

↑ 異常｜いつもと違う何かが起きている

UCL

CL

LCL

現在の工程における実力
・偶然原因によるバラつき
・自然原因によるバラつき
・能力原因によるバラつき

↓ 異常｜いつもと違う何かが起きている

LCLを超えたバラつきは、発生原因を突き止め改善する必要がある。

図 38：バラつきを管理するための考え方

 ここがポイント!!

　管理図は、時系列で得られるデータが統計的に異常かどうかを判断するための道具で、時系列データを確認する「折れ線グラフ」との違いは「理論的に算出された境界線（管理限界線）がある」ことです。境界線が設定されることで「データの異常」を管理できます。仕事において常にバラつきが発生しているので、バラつきを抑えられる工程を考えていくことが改善なのです。

3

七つ道具の確認

09　セルフチェック

第３章　セルフチェック

☐　問題解決において用いられる手法は数多く存在します。そうした中でも「QC 七つ道具」は誰でも簡単に使えるものとして多くの現場で用いられています。

☐　パレート図は、問題となっている不良や欠点を層別にしてデータを取ることで、取り組みの範囲を重点指向で決定するための判断材料として用いられます。

☐　特性要因図は、問題を引き起こしてる原因を特定するために、その要因を見える化し整理する必要がある際に用いられます。

☐　チェックシートは、データの記録、集計、整理を容易にし、不具合の出現状況を把握する必要がある際に用いられます。

☐　グラフには、円グラフや折れ線グラフなどがあります。互いに関連する 2 つ以上のデータの相対的関係を表す図で、データの対象を一目で確認することが必要な際に用いられます。

☐　散布図は、2 つの対になった x と y に関係があるかどうか調べることが必要な際に用いられます。

☐　管理図は、製造工程において自然のバラつきと異常原因によるバラつきを区別して、安定して生産できているかどうかを調べる際に用いられます。

第 4 章

ＱＣ七つ道具で
問題解決するための手順

01　問題解決の手順

　現場で不具合やトラブル、欠点や不良などが発生したら対処法を考えて応急措置をすることはもちろんです。ただ、根本的な問題を解決しないとそうした問題は永遠に発生し続けることになります。原因を突き止め、改善に取り組んでいくことで問題は解消に向かっていきます。

　では、再発防止を図るための手順を確認していきましょう。

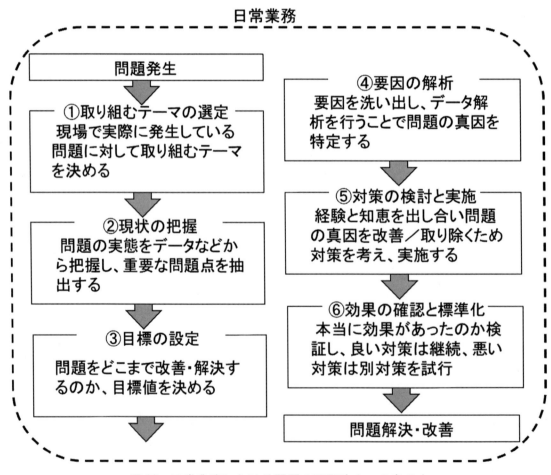

図39：日常業務における問題の再発防止への考え方

02 問題の発生

■ 問題とは

　「QC 七つ道具」は、多くの現場で用いられる問題解決＝品質改善活動のための道具です。管理図において確認しましたが、本来、仕事において【偶然原因・自然原因・能力原因】により常にバラつきが発生しています。こうしたバラつきを「QC 七つ道具」を用いてバラつきを抑えるが欠かせないのです。

　大切なのは「常に改善に向けた問題意識を持ち、気が付いた問題を改善することを目的にテーマを決めて、問題を発生させている原因をデータから考え、真因に対する有効な対策を実行していくこと」です。

　これまで確認してきたことも踏まえて、問題解決＝品質改善活動の流れを順に確認してみましょう。

日常業務における問題の発生

> 　問題は、その状態から、具体的な形として表出している顕在状態の問題と、まだ表出していない潜在状態にある問題の大きく 2 つに分けられます。顕在状態の問題は、二次・三次と新たな問題に展開しないよう速やかに優先順位を決めて改善に取り組む必要があります。また、潜在状態の問題は、顕在化する前に種を見つけて改善できるように備えておくことが重要です。

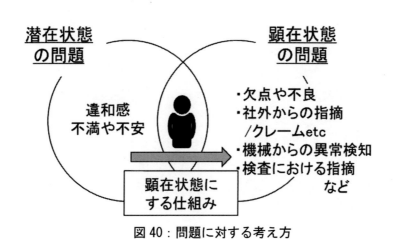

図 40：問題に対する考え方

03 取り組むテーマの選定

　発生した問題に対して、急いで「現状の把握をしたい」ところですが、多くの場合その対象は多岐に及び複層的です。闇雲に取り掛かっても、時間と労力やコストを要するのが実際です。限られた経営資源を向けて、より短期間で問題解決に至るには「何を基準に取り組むのか」といったテーマの選定が欠かせません。

1．テーマ選定の手順

　テーマの選定において重要なのは、方法や手段ではなく、まずは"問題が解決したらどうなるのか（どうしたいのか）"といった「目的／目標」から確認することです。一見遠回りに感じますが、問題の解決が長期期間に及んだ際には、打ち手が無くなることも考えられます。すると「そもそも、なぜこの問題を改善したいのか？（するのか）」といった「目的／目標に立ち返る」ことが必要になるからです。また、あらかじめ目的／目標を明確にしておくことで全体の方向性が定まる効果もあります。

　具体的な手順は、次を確認してください。
　　１）職場における問題（現状と目標の差）を洗い出す
　　　【洗い出す際の視点・観点】
　　　①日常業務で困っていること（問題となっていること）を抽出する
　　　②に関連して発生している不具合や具体的なトラブルを抽出する
　　　③安全の観点から不安に感じていることを抽出する
　　　④効率化を阻害しているものが何かを抽出する
　　　⑤コスト低減の支障となっている項目を抽出する

　　２）１）が解決・解消したら達成できる目的・目標を確認する

　　３）１）で洗い出した問題を評価してテーマを決める
　　　　書き出された問題からテーマを決定します。複数候補があがった際にはマトリックス図を用いて「緊急性」「重要度」「方針」「効果」などの評価を行い、テーマ決定に向かいます。

4）テーマを明確にする

　　選定されたテーマに関連するデータを調べ、グラフ・パレート図などを活用して取り組む重要性を確認した上で、テーマとして最終決定します。この時、テーマはできるだけ明確であり、「達成したときの状態を誰が見ても想像できるようにする」ことが重要です。

2．テーマの良い例と悪い例

テーマの良い例

① 第1工場の○○の製造工程における不良率2割抑える

②○○の製造における検品ミスを50減らす

③出荷1件あたりの平均時間 5.3 分を、上期で 4.6 分に短縮する

④先月は出荷遅延が 25 件発生、今月は 10 件以内に抑える

テーマの悪い例

① 製造工程を改良する	…対策的で達成が難しい
② 検査工程を効率化する	…抽象的で不明瞭
③ 5 年間で、生産率を 10%改善する	…長期的な目標で具体的な行動が見えない
④ 営業全員で頑張る	…テーマになっていない

04　現状の把握

　現状の把握とは、鷹の眼で森全体を見渡すように、問題や問題が発生した該当業務だけではなく、企業全体を見渡しながら行うことが重要です。

　その方法は、関係する全てのデータを基に行います。このとき各部門の「縄張り争い」を背景とした言い訳にごまかされないように気をつけ、何を、誰が、どの位の期間、どんな方法でデータを把握するのかを決めます。

■ 現状把握の手順

①テーマに関する特性値を決める

②特性値の推移やバラつきを正確に把握する

　　現場調査に基づいたデータを、棒グラフやヒストグラム、折れ線グラフなどを用いて実態把握がより正確にできるように進めていきます。

③特性値を層別し重要な問題を抽出する

　　特性値をいろいろな角度から層別して、何が原因なのかを絞り込みます。このときパレート図を用いると便利です。

05　目標の設定

　現状を把握して"わかった悪さ加減"の中から、目標を設定します。目標は「何を」「いつまでに」「どの位（どんな状態）にする」という視点で設定します。

■ 目標設定の手順

①目標項目を決める

　　何を改善するのか、目標項目を決めます。この目標項目はテーマの達成度を最も良く表している数値特性で設定します。

②目標の達成期日を決める

　　問題解決＝品質改善活動は、期日を設けることで動き出します。目標の達成期日は通常3か月・6か月・1年間（期末や年度末）のスパンで設定します。

③目標値を決める

　　目標値は時間経過で自然に到達できる値ではく、努力を重ねることで到達できる少し高めの値を設定します。

06 要因の解析

　要因解析とは結果（特性）に大きな影響を及ぼしていると思われる要因を抽出し、どれが真因なのかを検証することです。真因とは結果に影響を及ぼす主な原因のことです（p.46 からの特性要因図も参考にしてください）。

■ 要因解析の手順

①要因の洗い出し

　要因解析は、4M（人、機械、材料、方法）などの観点から「なぜなぜ」を繰り返し、特性に影響していると思われる要因を洗い出します。その結果を特性要因図に書き出します。

②主要因の抽出

　大骨ごとに繰り返した「なぜなぜ」によって洗い出された要因から、重要と思われる主要因を抽出します。主要因は複数抽出されることがあります。

③主要因の検証

　特性と重要要因との関係をデータで検証します。要因が特性にどう影響しているか仮説を立てて、それが正しいのか解析した結果から結論を出します。

07 対策の検討と実施

　これまでの流れから確認された真の要因に対して、具体的な対策を実施していきます。対策については、一つ一つ検討・評価してから実施に向けていきます。「思いつきでやってみる」ことはないようにします。

　対策の検討・評価においては次を参考にしてください。
　①効　果：目標値に対して、どれくらい到達できるのか
　②実現性：「絵に餅」にしないため誇大な〇〇でなく、現状の技術やマンパワーなどから
　　　　　　実施可能なのかを評価します。

③コスト：「幾らかけても改善すれば良い」ことはありません。予算はとても重要なポイ
　　　　　ントです。必ず対策を実施するのにいくら費用がかかるのかを評価します。

④総合評価：「効果」×「実現性」×「コスト」で総合評価します。

08　効果の確認と標準化

　対策を実施したあとには必ず、どれほど問題を改善（削減）できたのか、目標は達成したの
か効果測定します。目立った効果が得られなかったのであれば、引き続き同じ対策を実施する
のかも踏まえ検討します。一方で、よい成果を得られたのであれば、その対策は標準化して企
業内で定着することを目指します。そこでは、管理レベルが低下しないような管理尺度と管理
水準を決め、定期的な確認を行えるよう工程図などをまとめておきます。

　企業の中で、文化定着している作業手順やルールは、これまで取り組んだ改善の賜物です。
一層の顧客満足度向上に向けて、改善活動を継続して取り組んでいく必要があります。

　あらためて、みなさんにとって、良いサービスや商品・製品とは何ですか。「常に顧客の期
待に応えること」は容易ではありませんが、品質管理を怠れば「顧客そのものを無くす」こと
となり、それは市場からの退場を意味します。

　これは企業経営の話に限らず、個人にとっても同じです。「成長（改善）することなく漫然
と続けてきた作業の経験を"いつまでも必要としてくれる企業（需要）"があると思いますか」。

　企業の存続のため、みなさんが働き続けるため、これからも「品質管理」に取り組んでいき
ましょう。

ここがポイント!!

　現場で不具合やトラブル、欠点や不良などが発生したら 対処法を考えて応急措置をする
ことはもちろんですが、問題自体を解決しないことには、欠点・不良は永遠に発生し続ける
ことになります。再発防止を図るための手順を守り、改善に取り組み続けることで問題は
改善していきます。

第4章　セルフチェック

- [ ] 欠点・不良の対処には問題そのものを解決しないと、欠点・不良は永遠に発生し続けることになります。
- [ ] 「QC 七つ道具」は、問題解決において現場で用いられる品質改善活動のための道具です。
- [ ] 仕事において、【偶然原因・自然原因・能力原因】によりバラつきが常に発生しています。バラつきは「QC 七つ道具」を用いて管理することが欠かせません。
- [ ] 問題は表出している顕在状態の問題と、まだ表出していない潜在状態にある問題の2つに分けられます。
- [ ] 限られた経営資源を向けて、短期間で問題解決に至るにはテーマの選定が欠かせません。
- [ ] 目標は「何を」「いつまでに」「どの位（どんな状態）にする」で設定します。
- [ ] 要因解析は、4M（人、機械、材料、方法）の観点から「なぜなぜ」を繰り返し行います。
- [ ] 対策は、「思いついたら都度やってみる」のではなく、対策の一つ一つを検討・評価してから実施に取り組んでいきます。
- [ ] 対策に取り組み改善したのであれば、標準化して企業内に定着することを目指します。

著者紹介

中村　英泰（なかむら　ひでやす）

株式会社中部キャリアコンサルティング普及協会　代表取締役
プロティアン研究会　創設管理者｜大学非常勤講師

1976 年 愛知県生まれ。人材サービス業界において 15 年間、1000 社を超える中小製造業の人的マネジメントにかかわる過程で、組織における人的資源活性化に必要性を感じて独立起業。現在、社員面談や組織のキャリア開発、キャリア制度を構築する過程を通じた「役に立つことが実感できる職場風土づくり」を必要とする中小企業の顧問やアドバイザーをつとめる。また、年 100 回に及ぶ研修や講演で活躍。

職業訓練法人Ｈ＆Ａ　データの取り方 まとめ方

2021年4月1日	初 版 発 行
2023年4月1日	第三刷発行

著 者　中村　英泰

発行所　　職業訓練法人Ｈ＆Ａ
　　　　　〒472-0023　愛知県知立市西町妻向14-1
　　　　　　　　TEL 0566(70)7766
　　　　　　　　FAX 0566(70)7765

発 売　　株式会社　三恵社
　　　　　〒462-0056　愛知県名古屋市北区中丸町2-24-1
　　　　　　　　TEL 052(915)5211
　　　　　　　　FAX 052(915)5019
　　　　　　　　URL http://www.sankeisha.com

ISBN978-4-86693-422-8